ウクライナ避難民とコミュニケーションをとるための

ウクライナ語会話集

Українсько-японський розмовник

JN106805

幸せが訪れますように！

«Хай вам щастить!»

ミグダリスカ・ビクトリア（オデーサ）
Мігдальська Вікторія（м.Одеса）

ミグダリスキー・ウラディーミル（京都）
Мігдальський Володимир（м.Кіото）

稲川ジュリア潤
Джулія-Дзюн Інагава

ЗА РЕДАКЦІЄЮ:
МІГДАЛЬСЬКОГО ДАНИЛА
МІГДАЛЬСЬКОЇ ОКСАНИ

Автори будуть вдячні почути будь-які зауваження та коментарі стосовно змісту поданого розмовника, а також корекції у зв'язку з можливими друкарськими помилками.
З повагою В.І.Мігдальська, В.І.Мігдальський, Д.І.Мігдальський, О.С.Мігдальська, Д.Інагава.
Зауваження надсилати за адресою migdalvik@gmail.com.

目次（*mokuji*）

Зміст:（*Zmist*）

Привітання / Радість	挨拶
Pryvitannya / Radist'	*Aisatsu*
Прощання	別れの挨拶
Proschannya	*Wakare-no aisatsu*
Вдячність / подяка	感謝の気持ち
Vdyachnist' / podyaka	*Kansha-no kimochi*
Вибачення	お詫び・お許し
Vybachennya	*O-wabi・O-yurushi*
Вітання / побажання	お祝いの言葉
Vitannya / pobajannya	*O-iwai-no kotoba*
Надія / Заохочення	希望
Nadiya / Zaohochennya	*Kibou*
Здивування / Невпевненість	驚き・疑問
Zdyvuvannya / Nevpevnennist'	*Odoroki / Gimon*
Розмовні елементи	話し言葉
Rozmovni elementy	*Hanashi kotoba*
Питання	あらゆる質問
Pytannya	*Arayuru shitsumon*
Чи можна? / Чи не можна? / Необхідно	〜してもいい、〜してはいけない、必要だ
Chy mojna / Chy ne mojna? Neobhidno	*~ shitemo ii, ~ shite-wa ikenai, hitsuyou da*
Подобається чи не подобається?	好き・嫌い
Podobaet'shya chy ne podobaet'shya?	*Suki / Kirai*
Прохання	お願い
Prohannya	*O-negai*
Покликати на допомогу	助けを求める
Poklykaty na dopomogu	*Tasuke-wo motomeru*
Найбільш вживані слова та вирази	頻繁に使われる表現
Naibil'sh vjivani slova ta vyrazy	*Himpan-ni tsukawareru hyougen*

Частина 2　Вирази, що необхідні у повсякденному житті
(*Vyrazy, scho neobhidni u povsyakdennomu jytti*)

Подорож:	旅行
Podoroj	*Ryokou*
потягом / поїздом	列車・電車で
potyagom / poizdom	*Ressha / Densha-de*
автобусом / на автобусі	バスの中で・バスで
avtobusom / na avtobusi	*Basunonaka-de / Basu-de*
літаком / на літаку	飛行機で
litakom / na litaku	*Hikouki-de*
на кораблі / поромі	船・フェリーで
na korabli / poromi	*Fune / Ferii-de*
Паспортний контроль. Митний огляд.	出入国審査・税関検査
Pasportnyi kontrol'. Mutnyi oglyad	*Shutsunyuukoku-shinsa / Zeikan-kensa*
У місті.	市内で
U misti.	*Shinai-de*
На пошті.	郵便局にて
Na poshti.	*Yuubinkyoku-nite*
У банку.	銀行で
U banku.	*Ginkou-de*
Поліція. Відділок поліції.	警察・交番で
Politsiya. Viddilok politsii.	*Keisatsu / Kouban-de*
В лікарні. В аптеці.	病院で・薬局で
V likarni. V aptetsi.	*Byouin-de / Yakkyoku-de*
Придбання товарів	買い物
Prydbannya tovariv.	*Kaimono*
Погода	天気
Pogoda	*Tenki*
Написи та вивіски.	標識と看板
Napysy ta vyvisky	*Hyoushiki to kamban*

まえがき

　外国語を学ぶことは、日常会話やビジネスコミュニケーションに関連しています。観光客として空港に到着したり、日本の日常生活を送ったり、日本語でコミュニケーションをとったりすることでしょう。

　著者は自身の外国語学習及び外国語教育に携わってきた長年の経験に基づいて、すぐにでも実践できる会話表現、パターン、モデル、フレーズを集めた本が必要であると確信しております。

　今回著者らが作成したフレーズブック（会話集）は、日本語を学び始めたばかりのすべてのウクライナ人のためのものです。このフレーズブックはプロの翻訳者・通訳者の方にも役立つと考えています。

　このフレーズブック（会話集）はテーマごとに分かれており、一般的な表現と日常生活に必要な表現、そして応用表現で構成されています。

　すべての表現にはローマ字表記があり、ウクライナ語を話さない日本人にも使いやすくなっております。

　ウクライナからの避難民受け入れに際して、著者らは、この会話集が、短期間で実用的なウクライナ語を習得したいウクライナからの避難民に協力している自治体や社会団体、ボランティア組織のボランティアの方々にとても役立つと信じています。

　著者は、本書を通じて、魅力溢れる国、日本の旅が充実したものとなることを心より願っています！

　この会話集を出版するにあたりドニエプル出版の小野元裕社長をはじめ、多くの方々にお世話になりました。この場をお借りして、心より感謝を申し上げます。

　幸せが訪れますように。

Вступ

Вивчення іноземної мови пов'язано з повсякденним розмовним та діловим спілкуванням. Це і прибуття до аеропорту в якості туриста, і занурення в середовище повсякденного життя Японії, або в атмосферу безпосереднього спілкування на японській мові.

Автори на своєму досвіді вивчення та викладання іноземних мов, впевнені у тому, що в додаток до кожного підручника з граматики мови необхідно мати запас розмовних фраз, шаблонів, моделей, які можна було б використовувати навіть без володіння цією мовою.

Поданий розмовник призначений, насамперед, для всіх українців, хто тільки збирається почати вивчати японську мову. Автори вірять, що розмовник буде також корисним професійним перекладачам.

Матеріал у розмовнику розміщено по темам і складається з двох частин: загальні вирази та вирази, що необхідні у повсякденному житті, та додатку.

Усі вирази мають романізовану транскрипцію, що робить розмовник зручним у використанні також японцями, що не володіють українською мовою.

У зв'язку з політикою Японії по прийняттю біженців з України, автори впевнені, що цей розмовник буде також корисним співробітникам муніципалітетів та суспільно-волонтерських організацій, які працюють з біженцями, бажаючими за короткий термін оволодіти практичною розмовною українською мовою.

Автори бажають вам успіхів у цій подорожі по мові цієї загадкової країни, Японії!

Автори висловлюють щиру вдячність усім, хто підтримав розробку та надрукування цього розмовника, починаючи з пана Мотохіро Оно, директора видавництва «Дніпро».

Хай вам щастить.

第1章　一般的な表現 (Ippan-teki-na hyougen)
Частина 1　Загальні вирази (Zagal'ni vyrazy)
挨拶 (Aisatsu)
Привітання / Радість (Pryvitannya / Radist')

Добрий ранок. / Доброго ранку. *Dobryi ranok. / Dobrogo ranku.*	おはようございます。 *Ohayou gozaimasu.*
Добрий день. / Доброго дня. *Dobryi den'. / Dobrogo dnya.*	こんにちは。 *Konnichi wa.*
Добрий вечір. *Dobryi vechir.*	こんばんは。 *Komban wa.*
Я радий / рада вас бачити / Щиросердно вітаю. *Ya radyi / rada vas bachity / Schiroserdno vitayu.*	お会いできてうれしいです。／本当におめでとうございます。 *O-ai dekite ureshii desu. / Hontou-ni omedetou gozaimasu.*
Як ви себе почуваєте? *Yak vy sebe pochuvaete?*	ご機嫌いかがですか？ *Go-kigen ikaga desu ka?*
Дякую, добре / непогано. *Dyakuyu, dobre / nepogano.*	ありがとう、元気です。 *Arigatou, genki desu.* 大丈夫です。／悪くないです。 *Daijoubu desu. / Warukunai desu.*
Я давно вас не бачив / не бачила. *Ya davno vas ne bachyv / ne bachyla.*	お久しぶりです。 *O-hisashiburi desu.*
Я радий / рада (нашій) зустрічі. *Ya radyi/rada (nashii) zustrichi.*	お目にかかれて光栄です。 *O-me-ni kakarete kouei desu.* 出会えて良かったと思います。 *Deaete yokatta to omoimasu.*
Привіт! *Pryvit!*	こんにちは！ *Konnichi wa!*
Це просто чудово! *Tse prosto chydovo!*	それは素晴らしいです！ *Sore-wa subarashii desu!*
Моє серце сповнене радістю. *Moe sertse spovnene radistyu.*	私の心は喜びでいっぱいです。 *Watashi-no kokoro-wa yorokobi-de ippai desu.*
Це був найщасливіший момент у моєму житті. *Tse buv naischastlyvisishyi moment u moyemu jytti.*	それは私の人生で最も幸せな瞬間でした。 *Sore-wa watashi-no jinsei-de mottomo shiawase-na shunkan deshita.*
Це дає мені велике задоволення. *Tse daye meni velyke zadovolennya.*	それは私に大きな喜びを与えてくれます。 *Sore-wa watashi-ni ookina yorokobi-wo ataete kuremasu.*

別れの挨拶（Wakare-no aisatsu）
Прощання（Proschannya）

До побачення.	さようなら。
Do pobachennya.	*Sayounara.*
На добраніч.	おやすみなさい。
Na dobranich.	*O-yasumi nasai.*
До зустрічі.	じゃあね。
Do zustrichi.	*Jaa ne.*
До завтра.	また明日。
Do zavtra.	*Mata ashita.*
Вибачте, мені треба йти.	ごめんなさい、そろそろ行く時間です。
Vybachte, meni treba ity.	*Gomen nasai, soro-soro iku jikan desu.*
Передайте мої вітання …	〜によろしくお伝えください。
Peredaite moi vitanya …	*~ ni yoroshiku o-tsutae kudasai.*
Не забувайте нас.	私達のことを忘れないでください。
Ne zabuvaite nas.	*Watashi-tachi-no koto-wo wasurenaide kudasai.*
Дякую, що відвідали нас.	来てくれて、ありがとうございます（〜ございました）。
Dyakuyu, scho vidvidaly nas.	*Kite-kurete, arigatou-gozaimasu (~ gozaimashita).*
На все добре!	元気でね！
Na vse dobre!	*Genki de ne!*
Щасливої дороги.	良い旅を。
Schastlyvoyi dorogy.	*Yoi tabi-wo.*
Бережіть себе!	気を付けてください！
Berejit' sebe!	*Ki-wo tsukete kudasai!*
	お体を大切にしてください！
	O-karada-wo taisetsu-ni shite kudasai!

感謝の気持ち（Kansha-no kimochi）
Вдячність / подяка（Vdyachnist' / podyaka）

Дякую / Спасибі.	ありがとう（ございます）。
Dyakuyu / Spasybi.	*Arigatou (gozaimasu).*
Дякую за допомогу.	助けてくれてありがとう。
Dyakuyu za dopomogu.	*Tasukete kurete, arigatou.*
Дякую за інформацію.	教えてくれてありがとう。
Dyakuyu za informatsiyu.	*Oshiete kurete arigatou.*

Нема за що.	どういたしまして。
Nema za scho.	*Douitashimashite.*
	とんでもないことでございます。
	Tonde-mo nai koto-de gozaimasu.
Дрібниця. Не варто подяки.	大したことではありません。
Dribnytsya. Ne varto podyaky.	*Taishita-koto-dewa arimasen.*
	感謝されるほどではありません。
	Kansha sareru hodo dewa arimasen.
Я вам дуже вдячний / вдячна за ...	ものすごく感謝しています。/ 〜に感謝しています。
Ya vam duje vdyachnyi / vdyachna za ...	*Mono-sugoku kansha shite-imasu. / ~ ni kansha shite-imasu.*
Що я можу для вас зробити?	あなたのために何をしたらいいですか？
Scho ya moju dlya vas zrobutu?	*Anata-no tame-ni nani-wo shitara ii desu ka?*
Як мені віддячити вам за вашу допомогу?	助けてくれたことにどのようにお返しすればいいでしょうか？
Yak meni viddyachyty vam za vashu dopomogu?	*Tasukete-kureta-koto ni dono-you-ni o-kaeshi sureba ii deshou ka?*

お詫び・お許し（*O-wabi / O-yurushi*）

Вибачення（*Vybachennya*）

Пробачте / Перепрошую.	ごめんなさい・お許しください。
Probachte / Pereproshuyu.	*Gomen nasai / O-yurushi kudasai.*
Вибачте, що турбую вас.	ご迷惑をおかけして申し訳ありません。
Vybachte, scho turbuyu vas.	*Go-meiwaku-wo o-kake shite moushiwake arimasen.*
Вибачте, що змусив вас чекати.	お待たせして申し訳ありません。
Vybachte, scho zmusyv vas chekaty.	*O-matase shite moushiwake arimasen.*
Вибачте, мені шкода.	ごめんなさい。申し訳ありません。
Vybachte, meni shkoda.	*Gomen nasai. Moushiwake arimasen.*
Я не навмисно (це зробив / зробила).	わざとではありません。
Ya ne navmysno tse zrobyv / zrobyla.	*Waza-to dewa arimasen.*
Чим можу це відшкодувати?	お返しはどうすればいいですか？
Chym moju tse vidshkoduvaty?	*O-kaeshi-wa dou sureba ii desu ka?*
Вибачте, що я заважаю.	お邪魔して、申し訳ありません。
Vybachte, scho ya zavajayu.	*O-jama shite, moushiwake arimasen.*
Вибачте за запізнення.	遅くなってすみません。
Vybachte za zapiznennya.	*Osoku natte sumimasen.*

Я хотів би / хотіла б вибачитись перед вами за свою неприсутність. *Ya hotiv by / hotila b vybachytys' pered vamy za neprysutnist'.*	欠席したことをお詫び申し上げます。 *Kesseki shita koto-wo o-wabi moushi agemasu.*
Я погано себе почуваю. *Ya pogano sebe pochuvayu.*	気分が悪いです。 *Kibun-ga warui desu.*
Я був / була дуже зайнятий / зайнята / заклопотаний / заклопотана. *Ya buv / bula duje zainyatyi / zainyata / zaklopotanyi / zaklopotana.*	非常に忙しかった。 *Hijou-ni isogashikatta.*

お祝いの言葉 (O-iwai-no kotoba)
Вітання / побажання (Vitannya / pobajannya)

Зі святом! *Zi svyatom!*	おめでとう（ございます）！〔祝祭日に〕 *Omedetou (gozaimasu)!*
З днем народження! *Z dnem narodjennya!*	お誕生日おめでとう（ございます）！ *O-tanjoubi omedetou (gozaimasu)!*
З Новим роком! *Z novym rokom!*	明けましておめでとう（ございます）！ *Akemashite omedetou (gozaimasu)!*
Бажаю вам успіхів / удачі! *Bajayu vam uspihiv / udachi!*	ご成功（ご幸運）を願っています！ *Go-seikou (Go-kou-un) -wo negatte imasu!*
Бажаю вам швидко одужати! *Bajayu vam shvydko odujaty!*	ご回復を願っています！ *Go-kaifuku-wo negatte imasu!*
	早く元気になってください！ *Hayaku genki-ni natte kudasai!*
Бажаю вам весело провести час! *Bajayu vam veselo provesty chas!*	楽しく過ごせるように願っています！ *Tanoshiku sugoseru youni negatte imasu!*
Хай вам щастить! *Hai van schastut'!*	ご幸福を願っています！ *Go-koufuku-wo negatte imasu!*
	幸せが訪れますように！ *Shiawase-ga otozuremasu youni!*
Щиро дякую за ваші вітання. *Schiro dyakuyu za vashi vitannya.*	お祝いの言葉に感謝しております。 *O-iwai-no kotoba-ni kansha shite orimasu.*

希望 (Kibou)
Надія / Заохочення (Nadiya / Zaohochennya)

Сподіваюсь, що це так / не так.	そうだと期待しています。／そうではないと期待しています。
Spodivayus, scho tse tak / ne tak.	*Sou da to kitai shite imasu. / Sou dewa nai to kitai shite imasu.*
Я сподіваюсь на краще.	良くなることを願っています。
Ya spodivayus' na krasche.	*Yokunaru-koto-wo negatte imasu.*
Не втрачайте надію.	希望を失わないでください。
Ne vtrachaite nadiyu.	*Kibou-wo ushinawanaide kudasai.*
Все буде добре.	大丈夫です。うまく行くと信じています。
Vse bude dobre.	*Daijoubu desu. Umaku iku to shinjite imasu.*
Не беріть близько до серця.	気にしないでください。
Ne berit' blyz'ko do sertsya.	*Ki-ni shinaide kudasai.*
	気になさらないでください。
	Ki-ni nasaranaide kudasai.

驚き・疑問 (Odoroki / Gimon)
Здивування / Невпевненість (Zdyvuvannya / Nevpevnenist')

Невже?	本当（ですか）？
Nevje?	*Hontou (desu ka)?*
Неймовірно!	ありえない。（信じられないほど素晴らしい）
Neimovirno!	*Arienai. (Shinjirarenai hodo subarashii)*
Як ви мене здивували!	驚きました！
Yak vy mene zdyvuvaly!	*Odoroki mashita!*
Хто б міг подумати?	誰にも想像できません。
Hto b mig podumaty?	*Dare-nimo souzou dekimasen.*
	考えられません。
	Kangae raremasen.
	信じられません。
	Shinji raremasen.
Ви дійсно маєте це на увазі?	本当にそう思いますか？
Vy diisno mayete tse na uvazi?	*Hontou-ni sou omoimasu ka?*
	本当にそういう事ですか？
	Hontou-ni sou iu koto desu ka?
Я в цьому невпевнений.	それはよく分かりません。
Ya v tsyomu nevpevnenyi.	*Sore wa yoku wakarimasen.*
Можливо.	たぶん。
Mojlyvo.	*Tabun.*

Здається, що так.	そのようです。そのように見えます。
Zdaet'sya, scho tak.	*Sono you desu. Son you-ni miemasu.*

話し言葉 (*Hanashi kotoba*)
Розмовні елементи (*Rozmovni elementy*)

Так.	はい。
Tak.	*Hai.*
Ні.	いいえ。
Ni.	*Iie.*
Так, це вірно.	はい、そうです。
Tak, tse virno.	*Hai, sou desu.*
Ні, не вірно.	いいえ、違います。
Ni, ne virno.	*Iie, chigaimasu.*
Чи є у вас …?	〜を持っていますか？
Chi ye u vas ...?	*~ wo motte imasu ka?*
Так, є.	はい、持っています。
Tak, ye.	*Hai, motte imasu.*
Ні, нема (немає).	いいえ、持っていません。
Ni, nema (nemae).	*Iie, motte imasen.*
Ви розумієте?	分かりますか？
Vy rosumiyete?	*Wakarimasu ka?*
(Я) розумію.	分かります。
(Ya) rozumiyu.	*Wakarimasu.*
Не розумію.	分かりません。
Ne rosumiyu.	*Wakarimasen.*
Ви знаєте?	知っていますか？
Vy znayete?	*Shitte imasu ka?*
Так, знаю.	知っています。
Tak, znayu.	*Shitte imasu.*
Ні, не знаю.	知りません。
Ni, ne znayu.	*Shirimasen.*
Певно	たぶん
Pevno	*Tabun*
Звичайно	もちろん
Zvychaino	*Mochiron*
Із задоволенням.	喜んで。
Iz zadovolennyam.	*Yorokonde.*
На мою думку …	私の意見では〜
Na moyu dumku ...	*Watashi-no iken dewa ~*

Між іншим …	ところで〜
Mij inshym …	*Tokoro de ~*
Насамперед …	まず、〜
Nasampered …	*Mazu, ~*
Наскільки мені відомо …	私が知る限り〜
Naskil'ky meni vidomo …	*Watashi-ga shiru kagiri ~*
Справа в тому, що …	実は〜
Sprava v tomu, scho …	*Jitsu-wa ~*
У будь-якому разі …	とにかく〜
Y bud'-yakomu razi …	*Tonikaku ~*
Коротше кажучи …	要は〜　（要するに〜）
Korotshe kajuchy …	*You-wa ~ (You-suru-ni ~)*
Припустимо …	（仮に）〜だとしたら、〜
Prypustymo …	*(Kari-ni) ~ da to shitara, ~*
Відверто кажучи …	ずばり〜
Vidverto kajuchy …	*Zubari ~*
	率直に〜
	Sotchoku-ni ~
	正直に言えば、〜
	Shoujiki-ni ieba, ~

あらゆる質問 (*Arayuru shitsumon*)

Питання (*Pytannya*)

Як вас звати?	お名前は何ですか？
Yak vas zvaty?	*O-namae-wa nan desu ka?*
Як ваше прізвище?	貴方の苗字は？
Yak vashe prizvysche?	*Anata-no myouji-wa?*
Як його (її) звати?	彼（彼女）の名前は何ですか？
Yak yogo (ii) zvaty?	*Kare (Kanojo) -no namae-wa nan desu ka?*
	彼（彼女）の名前は何と言いますか？
	Kare (Kanojo) -no namae-wa nan to iimasu ka?
Моє прізвище …	私の苗字は〜です。
Moe prizvysche …	*Watashi-no myouji-wa ~ desu.*
Мене звати …	私の名前は〜です。
Mene zvat …	*Watashi-no namae-wa ~ desu.*
Його ім'я …	彼（彼女）の名前は〜です。
Yogo imya …	*Kare (Kanojo) -no namae-wa ~ desu.*
Чому?	なぜ？
Chomu?	*Naze?*

Тому що це …	なぜなら〜だからです。
Tomu scho tse …	*Naze-nara ~ dakara desu.*
Чому ти не їси?	なぜ食べないのですか？
Chomu ty ne isy?	*Naze tabenai no desu ka?*
Я вже наївся.	もうお腹がいっぱいです。
Ya vje naivsya.	*Mou o-naka-ga ippai desu.*
Що це?	これは何ですか？
Scho tse?	*Kore-wa nan desu ka?*
Це …	これは〜です。
Tse …	*Kore-wa ~ desu.*
Де …?	〜はどこですか？
De …?	*~ -wa doko desu ka?*
Де туалет?	トイレはどこですか？
De tualet?	*Toire-wa doko desu ka?*
Де телефон?	電話はどこですか？
De telefon?	*Denwa-wa doko desu ka?*
Хто ця людина?	この人は誰（どういう人）ですか？
Hto tsya lyudyna?	*Kono hito-wa dare (dou-iu hito) desu ka?*
Хто він?	彼は誰（どういう人）ですか？
Hto vin?	*Kare-wa dare (dou-iu hito) desu ka?*
Він …	彼は〜です。
Vin …	*Kare-wa ~ desu.*
Він студент.	彼は学生です。
Vin student.	*Kare-wa gakusei desu.*
Вона студентка.	彼女は学生です。
Vona studentka.	*Kanojo-wa gakusei desu.*
Чий це? Чиє це?	これは誰のものですか？
Chyi tse? Chive tse?	*Kore-wa dare-no mono desu ka?*
Це мій. Це моє.	これは私のものです。
Tse mii. Tse moye.	*Kore-wa watashi-no mono desu.*
Це наша дитина.	私達の子供です。
Tse nasha dytyna.	*Watashi-tachi-no kodomo desu.*
Чий це гаманець?	これは誰の財布ですか？
Chyi tse gamanets'?	*Kore-wa dare-no saifu desu ka?*
Це мій гаманець.	私の財布です。
Tse mii gamanets'.	*Watashi-no saifu desu.*
У вас є …?	あなたは〜を持っていますか？
U vas ye …?	*Anata-wa ~ -wo motte imasu ka?*
Так, у мене є.	はい、持っています。
Tak, u mene ye.	*Hai, motte imasu.*

Ні, у мене його немає.	いいえ、持っていません。
Ni, u mene yogo nemaye.	*Iie, motte imasen.*
У вас є місце?	席はありますか？
U vas ye mistse?	*Seki-wa arimasu ka?*
Де моє місце?	私の席はどこですか？
De moye mistse?	*Watashi-no seki-wa doko desu ka?*
Які фрукти вам подобаються?	どんな果物がお好きですか？
Yaki frukty vam podobayut'sya?	*Donna kudamono-ga o-suki desu ka?*
Яка погода?	どんな天気ですか？
Yaka pogoda?	*Donna tenki desu ka?*
Де …?	どこへ？
De …?	*Doko- e?*
Куди ми йдемо (їдемо)?	どこへ行くのですか？
Kudy my idemo?	*Doko-e iku no desu ka?*
Звідки ви приїхали?	どこから来ましたか？
Zvidky vy pryihaly?	*Doko-kara kimashita ka?*
Де ви народилися?	どこで生まれましたか？
De vy narodylysya?	*Doko-de umaremashita ka?*
Скільки це коштує?	（お）いくらですか？
Skil'ky tse koshtuye?	*(O-) ikura desu ka?*
	これはいくらですか？
	Kore-wa ikura desu ka?
Скільки я повинен сплатити взагалі?	全部でいくら払えばよいですか？
Skil'ky ya povynen splatyty vzagali?	*Zembu-de ikura haraeba yoi desu ka?*
Дорогий (дорого)	高い
Dorogyi (dorogo)	*Takai*
Дешевий (дешево)	安い
Deshevyi (deshevo)	*Yasui*
Котра година?	何時ですか？
Kotra godyna?	*Nanji desu ka?*
Зараз п'ята година.	今、５時です。
Zaraz pyata godyna.	*Ima, go-ji desu.*
1:00	１時
Odna godyna	*Ichi-ji*
7:45 вечора	午後７時４５分
Sim godyn sorok pyat' hvylyn vechora	*Gogo shichi-ji yonjuugo fun*
14:15	１４時１５分
Chotyrnadtsyat' godyn pyatnadtsat' hvylyn	*Juuyo-ji juugo fun*
Що? Що ти сказав?	え？何と言ったの？
Scho? Scho ty skazav?	*E? Nan-to itta no?*

Що ви сказали?	何とおっしゃったのですか？
Scho vy skazaly?	*Nan-to osshatta no desu ka?*
Не розумію.	分かりません。
Ne rozumiyu.	*Wakarimasen.*
Будь ласка, скажіть це ще раз.	もう一度言ってください。
Bud' laska, skajit' tse sche raz.	*Mou ichido itte kudasai.*
Будь ласка, скажіть це повільніше.	もっとゆっくり言ってください。
Bud' laska, skajit' tse povil'nishe.	*Motto yukkuri itte kudasai.*
Що це означає?	それはどういう意味ですか？
Scho tse oznachaye?	*Sore-wa dou-iu imi desu ka?*
Чи можете ви записати те, що ви щойно сказали?	今言ったことを書いてもらえますか？
Chy mojete vy zapysaty te, scho vy schoino skazaly?	*Ima itta koto-wo kaite moraemasuka?*
Що? Справді?	え？本当？
Scho? Spravdi?	*E? Hontou?*
У вас є ручка?	ペンをお持ちですか？
U vas ye ruchka?	*Pen-wo o-mochi desu ka?*
У вас є газета?	新聞はありますか？
U vas ye gazeta?	*Shimbun-wa arimasu ka?*
Чи є у вас сувеніри?	みやげ物はおいていますか？
Chy ye u vas suveniry?	*Miyage-mono-wa oite imasu ka?*
Чи є щось більше?	もっと大きいのはありますか？
Chy ye schos' bil'she?	*Motto ookii no wa arimasu ka?*
У вас є кімната (вільна)?	（空き）部屋はありますか？
U vas ye kimnata (vil'na)?	*(Aki) h(b)eya-wa arimasu ka?*
Чи є тут поліцейська дільниця?	このあたりに交番はありますか？
Chy ye tut politseis'ka dil'nytsya?	*Kono atari-ni kouban-wa arimasu ka?*
Чи є телефонна будка?	公衆電話はありますか？
Chu ye telefonna budka?	*Koushuu-denwa-wa arimasu ka?*
Де знаходиться це місце?	ここはどこですか？
De znahodyt'sya tse mistse?	*Koko-wa doko desu ka?*
Де я можу побачити цю картину?	この絵はどこで見られますか？
De ya moju pobachyty tsyu kartynu?	*Kono e-wa doko-de miraremasu ka?*
Хто ця людина?	あの人は誰ですか？
Hto tsya lyudyna?	*Ano-hito-wa dare desu ka?*
Хто відповідає?	担当の方は誰ですか？
Hto vidpovidaye?	*Tantou-no kata-wa dare desu ka?*
Коли це було побудовано?	これはいつ建てられたものですか？
Koly tse bulo pobudovano?	*Kore-wa itsu taterareta mono desu ka?*

Коли ви працюєте? Коли ви відчинені?	営業時間は？
Koly vy pratsyuyete? Koly vy vidchyneni?	*Eigyou-jikan-wa?*
Коли у вас вихідний?	（店の）休みはいつですか？
Koly u vas vyhidnyi?	*(Mise-no) yasumi-wa itsu desu ka?*
Що це за будівля?	あのビルは何ですか？
Scho tse za budivlya?	*Ano biru-wa nan desu ka?*
Для чого це використовується?	これは何に使うのですか？
Dlya chogo tse vykorystovuyet'sya?	*Kore-wa nani-ni tsukau no desu ka?*
Чому потяг затримується?	なぜ列車は遅れているのですか？
Chomu potyag zatrymuet'sya?	*Naze ressha-wa okurete iru no desu ka?*
Чому там є люди?	なぜあそこに人が集まっているのですか？
Chomu tam ye lyudy?	*Naze asoko-ni hito-ga atsumatte iru no desu ka?*
Чому він закритий?	なぜ閉まっているのですか？
Chomu vin zakrytyi?	*Naze shimatte iru no desu ka?*
На який автобус я повинен сісти?	どのバスに乗ったらいいですか？
Na yakyi avtobus ya povynen sisty?	*Dono basu-ni nottara ii desu ka?*
Який ви бажаєте?	どれがいいですか？
Yakyi vy bajayete?	*Dore-ga ii desu ka?*
Як увімкнути світло?	明かりはどうやってつけるのですか？
Yak uvimknuty svitlo?	*Akari-wa dou yatte tsukeru no desu ka?*
Як дістатися до готелю …?	～ホテルへはどうやって行くのですか？
Yak distatysya do gotelyu …?	*~ hoteru-e-wa dou yatte iku no desu ka?*
Скільки часу потрібно, щоб дістатися до станції?	駅までどのぐらい〔時間〕かかりますか？
Skil'ky chasu potribno, schob distatysya do stantsii?	*Eki-made dono-gurai kakarimasu ka?*
Як далеко він знаходиться від станції?	駅までどのぐらい〔距離〕ありますか？
Yak daleko vin znahodyt'sya vid cstantsii?	*Eki-made dono-gurai arimasu ka?*
Скільки вам років (вік)?	おいくつですか？〔年齢〕
Skil'ky vam rokiv (vik)?	*O-ikutsu desu ka?*

〜してもいい、〜してはいけない、必要だ (~ shitemo ii, ~ shite-wa ikenai, hitsuyou da)

Чи можна？ / Чи не можна？ / Необхідно (Chy mojna / Chy ne mojna? Neobhidno)

Чи можу я тут палити?	ここでタバコを吸ってもいいですか？
Chy moju ya tut palyty?	*Koko-de tabako-wo suttemo ii desu ka?*

Чи можу я тут сісти?	ここに座ってもいいですか？
Chy moju ya tut sisty?	*Koko-ni suwattemo ii desu ka?*
Чи можна відчинити вікно?	窓を開けてもいいですか？
Chy mojna vidchynyty vikno?	*Mado-wo aketemo ii desu ka?*
Чи можу я користуватися (скористатися) цим телефоном?	この電話を使ってもいいですか？
Chy moju ya korystuvatysya (skorystatysya) tsyn telefonom?	*Kono denwa-wo tsukattemo ii desu ka?*
Чи можу я сплатити карткою?	カードで支払ってもいいですか？
Chy moju ya splatyty kartkoyu?	*Kaado-de shiharattemo ii desu ka?*
Чи можу я вас спитати?	ちょっとお聞きしたいのですが～
Chy moju ya vas spytaty?	*Chotto o-kiki-shitai no desu ga ~*

好き・嫌い（*Suki / Kirai*）

Подобається чи не подобається? （*Podobaet'shya chy ne podobaet'shya?*）

Мені подобається …	私は～（すること）が好きです。
Meni podobayet'sya …	*Watashi-wa ~ (suru koto) -ga suki-desu.*
Мені не подобається …	私は～（すること）が嫌いです。
Meni ne podobayet'sya …	*Watashi-wa ~ (suru koto) -ga kirai-desu.*
Вам подобається це робити?	あなたは～（すること）がお好きですか？
Vam podobayet'sya tse robyty?	*Anata-wa ~ (suru koto) -ga o-suki-desu ka?*
Я люблю пиво …	ビールが好きです。
Ya lyublyu pyvo …	*Biiru-ga suki-desu.*
Я ненавиджу це.	これが嫌いです。
Ya nenavydju tse.	*Kore-ga kirai-desu.*
Ви любите читати?	あなたは読書がお好きですか？
Vy lyubyte chytaty?	*Anata-wa dokusho-ga o-suki-desu ka?*
Вам подобається кава?	コーヒーはお好きですか？
Vam podobayet'sya kava?	*Koohii-wa o-suki-desu ka?*
Так, мені подобається.	はい、好きです。
Tak, meni podobayet'sya.	*Hai, suki-desu.*

願い（*Negai*）

Прохання（*Prohannya*）

Я хочу це …	～が欲しいです。
Ya hochu tse …	*~ ga hoshii desu.*
Я хотів би квитанцію.	領収書が欲しいのですが。
Ya hotiv by kvitantsiyu.	*Ryoushuusho-ga hoshii no desu ga.*
Я хотів би ковдру.	毛布が欲しいのですが。
Ya hotiv by kovdru.	*Moufu-ga hoshii no desu ga.*

Я хотів би щось випити.	何か飲み物をいただきたいのですが。
Ya hotiv by schos' vypyty.	*Nani-ka nomimono-wo itadakitai no desu ga.*
Мені потрібна вода.	水が欲しいです。
Meni potribna voda.	*Mizu-ga hoshii desu.*
Дайте мені склянку води.	水を一杯ください。
Daite meni sklyanku vody.	*Mizu-wo ippai kudasai*
Я бажаю прийняти участь у …	〜に参加したいのですが。
Ya bajayu pryinyaty uchast'u …	*~ ni sanka-shitai no desu ga.*
Я хотів би надіслати цю листівку до Японії.	このはがきを日本に送りたいのですが。
Ya hotiv by nadislaty tsyu lystivku do Yaponii.	*Kono hagaki-wo Nihon-ni okuritai no desu ga.*
Я хотів би поїхати на вокзал …	〜駅に行きたいです。
Ya hotiv by poihaty na vokzal …	*~ eki-ni ikitai desu.*
Я хотів би, щоб ти пішов зі мною.	あなたに私と一緒に来てほしいのですが、〜
Ya hotiv by, schob ty pishov zi mnoyu.	*Anata-ni watashi-to issho-ni kite hoshii no desu ga, ~*
Я хотів би, щоб він подзвонив мені.	私に電話をするように伝えてください。
Ya hotiv by, schob vin podzvonyv meni.	*Watashi-ni denwa-wo suru youni tsutaete kudasai.*
Я хотів би, щоб ви зберегли мій багаж.	荷物を預かっていただきたいです。
Ya hotiv by, schob vy zberegly mii bagaj.	*Nimotsu-wo azukatte itadakitai desu.*
Я хотів би взяти багаж з собою.	荷物を運んでいただきたいです。
Ya hotiv by vzyaty bagaj z soboyu.	*Nimotsu-wo hakonde itadakitai desu.*
Чи не могли би ви сфотографуватися зі мною?	一緒に写真に入っていただけますか？
Chy ne mogly by vy sfotografuvatysya zi mnoyu?	*Issho-ni shashin-ni haitte itadakemasu ka?*
Чи не могли би ви показати мені шлях до станції?	駅までの道を教えていただけますか？
Chy ne mogly by vy pokazaty meni shlyah do stantsii?	*Eki-made-no michi-wo oshiete itadakemasu ka?*
Чи можу я потурбувати вас?	ちょっとお願いしてもいいですか？
Chy moju ya poturbuvaty vas?	*Chotto o-negai-shitemo ii desu ka?*
Не могли б ви показати мені сумку з вітрини?	ショーウインドーにあるバッグを見せていただけますか？
Ne mogly b vy pokazaty meni sumku z vitryny?	*Shoouindoo-ni aru baggu-wo misete itadakemasu ka?*

助けを求める (Tasuke-wo motomeru)
Покликати на допомогу (Poklykaty na dopomogu)

Допоможіть мені.	助けてください。
Dopomojit' meni.	*Tasukete kudasai.*
Будь ласка, не робіть цього.	やめて下さい。
Bud' laska, ne robit' tsyogo.	*Yamete kudasai.*
Зателефонуйте в поліцію.	警察を呼んでください。
Zatelefonuite v politsiyu.	*Keisatsu-wo yonde kudasai.*
В мене вкрали / поцупили сумку.	バッグをとられました。
V mene vkraly / potsupyly sumku.	*Baggu-wo toraremashita.*
Я втратив гаманець.	財布を無くしました。
Ya vratyv gamanets'.	*Saifu-wo nakushimashita.*
Я погано почуваюся.	具合が悪いです。
Ya pogano pochuvayusya.	*Guai-ga warui desu.*
Я не можу знайти свій багаж.	荷物が見つかりません。
Ya ne moju znaity svii bagaj.	*Nimotsu-ga mitsukari masen.*
Швидше (пізніше), наскільки це можливо	できるだけ早く（遅く）
Shvydshe (piznishe), naskil'ky tse mojlyvo	*Dekiru dake hayaku (osoku)*
Швидше (повільніше), наскільки це можливо.	できるだけ速く（ゆっくり）
Shvydshe (povil'nishe), naskil'ky tse mojlyvo	*Dekiru dake hayaku (yukkuri)*
Дешевше, наскільки це можливо	できるだけ安く
Deshevshe, naskil'ky tse mojlyvo	*Dekiru dake yasuku*
Ще раз (ще один раз)	もう一度（一回）
Sche raz (sche odyn raz)	*Mou-ichido (ikkai)*

頻繁に使われる表現 (Himpan-ni tsukawareru hyougen)
Найбільш вживані слова та вирази (Naibil'sh vjivani slova ta vyrazy)

Я українець / українка.	私はウクライナ人です。
Ya ukrainets' / ukrainka	*Watashi-wa ukuraina-jin desu.*
Я приїхав / приїхала з України.	私はウクライナから来ました。
Ya pryihav / pryihala z Ukrainy.	*Watashi-wa ukuraina-kara kimashita.*
Я не розмовляю японською мовою.	日本語は話せません。
Ya ne rozmovlyayu yapons'koyu movoyu.	*Nihongo-wa hanasemasen.*
Я розумію, але не можу розмовляти.	わかりますが、話すことができません。
Ya rozumiyu, ale ne moju rozmovlyaty.	*Wakarimasu ga, hanasu koto ga dekimasen.*

Я нічого не зрозумів / зрозуміла.	私は何も分かりませんでした。
Ya nichogo ne zrozumiv / zrozumila.	*Watashi-wa nani-mo wakarimasen deshita.*
	理解していませんでした。
	Rikai-shite imasen deshita.
Говоріть, будь ласка, повільно (чітко).	ゆっくりと（はっきりと）お話しください。
Govorit',bud' laska, povil'no (chitko).	*Yukkuri-to (hakkiri-to) o-hanashi kudasai.*
Тепер я вас розумію.	理解しました。
Teper ya vas rozumiyu.	*Rikai-shimashita.*
	分かりました。
	Wakarimashita.
Повторіть, будь ласка усе речення.	文章全体を繰り返してください。
Povtorit', bud' laska use rechennya.	*Bunshou-zentai-wo kurikaeshite kudasai.*
Ви мене розумієте?	（私が言ったことを）理解できますか？
Vy mene rozumiyete?	*(Watashi-ga itta koto-wo) rikai dekimasu ka?*

第2章　日常生活に必要な表現 *(Nichijou-seikatsu-ni hitsuyou-na hyougen)*

Частина 2 **Вирази, що необхідні у повсякденному житті.**
(Vyrazy, scho neobhidni u povsyakdennomu jitti.)

旅行 *(Ryokou)*

Подорож: *(Podoroj)*

列車・電車で *(Ressha / Densha-de)*

Потягом / поїздом *(Potyagom / poizdom)*

Де знаходиться вокзал?	駅はどこにありますか？
De znahodyt'dya vokzal?	*Eki-wa doko-ni arimasu ka?*
Це далеко звідси?	ここから遠いですか？
Tse daleko zvidsy?	*Koko-kara tooi desu ka?*
Чим можна доїхати до вокзалу?	駅まではどうやって行けますか？
Chy mojna doihaty do vokzalu?	*Eki-made-wa dou yatte ikemasu ka?*
Скільки зупинок?	列車は途中で何回止まりますか？
Skil'ky zupynok?	*Ressha-wa tochuu-de nankai tomarimasu ka?*
Коли відправляється ранішній потяг / поїзд до …?	～へ最も早く出る列車はいつ出発するのですか？
Koly vidpravlyayet'sya ranishnii potyag / poizd do …?	*~ -e mottomo hayaku deru ressha-wa itsu shuppatsu suru no desu ka?*
Де потрібно зробити пересадку?	乗り換えはどこですればいいですか？
De potribno zrobyty peresadku?	*Norikae-wa doko-de sureba ii desu ka?*
О котрій годині цей потяг / поїзд прибуває в …?	この電車は何時に～に到着しますか？
O kotrii godyni tsei potyag / poizd prybuvaye v …?	*Kono densha-wa nanji-ni ~ -ni touchaku shimasu ka?*
Де відправляють багаж?	荷物はどこで運送されますか？
De vidpravlyayut' bagaj?	*Nimotsu-wa doko-de unsou-saremasu ka?*
Я хочу відправити багаж в …	～へ荷物を送りたいのですが。
Ya hochu vidpravyty bagaj v …	*~ -e nimotsu-wo okuritai no desu ga.*
Де знаходиться розклад потягів / поїздів?	列車のスケジュールはどこに掲示されますか？
De znahodytsya rozklad potyagiv/poizdiv?	*Ressha-no sukejuuru-wa doko-ni keiji-saremasu ka?*
Не можу розібратися в цьому розкладі. Не могли б ви мені допомогти?	それを理解することはできません。助けていただけませんか？
Ne moju rozibratysya v tsyomu rozkladi. Ne mogly b vy meni dopomogty?	*Sore-wo rikai-suru koto wa dekimasen. Tasukete itadakemasen ka?*
Де можна зарезервувати місця?	指定席はどこで予約できますか？
De mojna zarezervuvaty mistsya?	*Shiteiseki-wa doko-de yoyaku dekimasu ka?*

Де пункт обміну валют?	外貨両替所はどこにありますか？
De punkt obminu valyut?	*Gaika-ryougae-jo-wa doko-ni arimasu ka?*
Де бюро знахідок?	落し物はどこで保管されています か？
De byuro znahidok?	*Otoshi-mono-wa doko-de hokan-sarete imasu ka?*
Де вихід на перони?	プラットフォームへの出入口はど こにありますか？
De vyhid na perony?	*Purattofoomu-e-no deiriguchi-wa doko-ni arimasu ka?*
Де вихід у місто?	街への出口はどこにありますか？
De vyhid u misto?	*Machi-e-no deguchi-wa doko-ni arimasu ka?*
Де тут автоматичні квиткові каси?	切符の自動販売機はどこにありま すか？
De tut avtomatychni kvytkovi kasy?	*Kippu-no jidouhambaiki-wa doko-ni arimasu ka?*
Скільки коштує квиток до …?	～までのチケット（切符）はいく らですか？
Skil'ky koshtue kvytok do …?	*~ -made-no chiketto (kippu) -wa ikura desu ka?*
Будь ласка, одне спальне місце до …	寝台車のチケットを一枚くださ い。
Bud' laska, odne spal'ne mistse do …	*Shindaisha-no chiketto-wo ichimai kudasai.*
Дайте, будь ласка, нижню / верхню полицю.	下段／上段の寝台席をください。
Daite, bud' laska, nyjnyu / verhnyu polytsyu.	*Gedan / Joudan-no shindaiseki-wo kudasai.*
Чи є знижка для дітей?	子供用の割引はありますか？
Chy ye znyjka dlya ditei?	*Kodomo-you-no waribiki-wa arimasu ka?*
До якого віку?	何歳までですか？
Do yakogo viku?	*Nan-sai made desu ka?*
Чи є знижка для студентів?	学割（学生割引）はありますか？
Chy ye znyjka dlya studentiv?	*Gakuwari (Gakusei-waribiki) -wa arimasu ka?*
Будь ласка, один дорослий і один дитячий (студентський) до …	一般用のチケットを一枚と子供用 （学生用）のチケットを一枚くだ さい。
Bud' laska, odyn doroslyi i odyn dytyachyi (students'kyi) do …	*Ippan-you-no chiketto-wo ichimai to kodomoyou (gakusei-you) -no chiketto-wo ichimai kudasai.*
Скільки дійсний цей квиток?	このチケットの有効期限はいつで すか？
Skil'ky diisnyi tsei kvytok?	*Kono chiketto-no yuukou-kigen-wa itsu desu ka?*
Коли відходить потяг / поїзд номер …?	～号の電車はいつ出発しますか？
Koly vidhodyt' potyag / pouzd nomer …?	*~ -gou no densha-wa itsu shuppatsu shimasu ka?*

Від якої платформи відходить потяг / поїзд номер ...?	~号の列車はどのプラットフォームから出発しますか？
Vid yakoi platformy vidhodyt' potyag / poizd nomer ...?	*~ -gou no ressha-wa dono purattofoomu kara shuppatsu-shimasu ka?*
Де (знаходиться) камера схову?	保管室はどこにありますか？
De znahodyt'sya kamera shovu?	*Hokanshitsu-wa doko-ni arimasu ka?*
Я хочу здати валізу в камеру схову.	スーツケースを保管室に置きたい。
Ya hochu zdaty valizu v kameru shovu.	*Suutsu-keesu-wo hokanshitsu-ni Okitai.*
Я хочу здати рюкзак і сумку.	リュックサックを預けたいです。
Ya hochu zdaty ryukzak I sumku.	*Ryukkusakku-wo azuketai desu.*
Я хочу отримати багаж. Ось моя квитанція.	荷物を受け取りたいです。これは荷物札です。
Ya hochu otrymaty bagaj. Os' moya kvytantsiya.	*Nimotsu-wo uketoritai desu. Kore-wa nimotsufuda desu.*
З якого боку під'їде потяг / поїзд до ...?	電車はどちら側に到着しますか？
Z yakogo boku pid'ide potyag / poizd do ...?	*Densha-wa dochiragawa-ni touchaku shimasu ka?*
Це напевно потяг / поїзд до ...?	それは~行きの電車・列車ですか？
Tse napevno potyag / poizd do ...?	*Sore-wa ~ yuki-no densha / ressha desu ka?*
Тут є вільні місця?	空いている席はありますか？
Tut ye vil'ni mistsya?	*Aiteiru-seki-wa arimasu ka?*
Чи можна зайняти це місце?	この席は空いていますか？
Chy mojna zainyaty tse mistse?	*Kono seki-wa aite-imasu ka?*

バスの中で・バスで (Basunonaka-de / Basu-de)
Автобусом / на автобусі (Avtobusom / na avtobusi)

В цьому місті є автовокзал?	この街にバスターミナルはありますか？
V tsyomu misti ye avtovokzal?	*Kono machi-ni basutaaminaru-wa arimasu ka?*
Де знаходиться автовокзал?	バスターミナルはどこですか？
De znahodyt'sya avtovokzal?	*Basutaaminaru-wa doko desu ka?*
Де довідкове бюро?	案内所はどこにありますか？
De dovidkove byuro?	*Annaijo-wa doko-ni arimasu ka?*
Де розклад руху автобусів?	バスのスケジュールはどこですか？
De rozklad ruhu avtobusiv?	*Basu-no sukejuuru-wa doko desu ka?*
Чи є автобус до ...?	~行きのバスはありますか？
Chy ye avtobus do ...?	*~ yuki-no basu-wa arimasu ka?*
Скільки коштує квиток до ...?	チケットはいくらですか？
Skil'ky koshtuye kvytok do ...?	*Chiketto-wa ikura desu ka?*

Коли відходить автобус до ...?	～行きのバスはいつ出発しますか？
Koly vidhodyt' avtobus do ...?	~ yuki-no basu-wa itsu shuppatsu shimasu ka?
Скільки часу триває поїздка?	時間はどれぐらいかかりますか？
Skil'ky chasu tryvaye poizdka?	Jikan-wa dore-gurai kakarimasu ka?

飛行機で (Hikouki-de)
Літаком / на літаку (Litakom / na litaku)

Чи є повітряний зв'язок з ...?	～への航空便はありますか？
Chy ye povitryanyi zvyazok z ...?	~ -e-no koukuubin-wa arimasu ka?
Це прямий рейс до ...?	これは～への直行便ですか？
Tse pryamyi reis do ...?	Kore-wa ~ -e no chokkoubin desu ka?
О котрій годині відлітає літак до ...?	飛行機は何時に出発しますか？
O kotrii godyni vidlitaye litak do ...?	Hikouki-wa nanji-ni shuppatsu shimasu ka?
Скільки разів на тиждень літає літак до ...?	～行きの飛行機は週に何回飛びますか？
Skil'ky raziv na tyjden' litaye litak do ...?	~ yuki-no hikouki-wa shuu-ni nankai tobimasu ka?
Скільки коштує квиток в бізнес класі?	ビジネスクラスのチケットはいくらですか？
Skil'ky koshtuye kvytok v biznes klasi?	Bijinesukurasu-no chiketto-wa ikura desu ka?
Чи можна замовити квиток до ... на ... число?	～日発の～へのチケットを予約できますか？
Chy mojna zamovyty kvytok do ... na ... chyslo?	~ nichi-hatsu-no ~ -e no chiketto-wo yoyaku dekimasu ka?
Вільних місць немає.	空席はございません。
Vil'nyh mists' nemaye.	Kuuseki-wa gozaimasen.
Я хочу відмовитися від бронювання.	予約をキャンセルしたいです。
Ya hochu vidmovytysya vid bronyuvannya.	Yoyaku-wo kyanseru shitai desu.
Звідки відправляється автобус до аеропорту?	空港行きのバスはどこから発車しますか？
Zvidky vidpravlyayet'sya avtobys do aeroportu?	Kuukou-yuki-no basu-wa doko-kara hassha shimasu ka?
Скільки коштує квиток на цей автобус?	このバスのチケットはいくらですか？
Skil'ky koshtue kvytok na tsei avtobus?	Kono basu-no chiketto-wa ikura desu ka?
Дайте мені, будь ласка, мінеральної води.	ミネラルウォーターをください。
Daite meni, bud' laska, mineral'noi vody.	Mineraruwootaa-wo kudasai.
Мені погано. Дайте мені, будь ласка, пігулку.	気分が悪いです。薬をください。
Meni pogano. Daite meni, bud' laska, pigulku.	Kibun-ga warui desu. kusuri-wo kudasai.

Пристебніть ремені!	シートベルトを締めてください！
Prystebnit' remeni!	*Shiitoberuto-wo shimetekudasai!*
Де зал очікування для транзитних пасажирів?	乗り継ぎ用の待合室はどこにあります か？
De zal ochikuvannya dlya tranzytnyh pasajyriv?	*Noritsugi-you-no machiaishitsu-wa doko-ni arimasu ka?*
Де тут можна попоїсти?	ここは飲食可能ですか？
De tut mojna popoisty?	*Koko-wa inshoku-kanou desu ka?*
Де знаходиться станція метро?	地下鉄の駅はどこにありますか？
De znahodyt'sya stantsiya metro?	*Chikatetsu-no eki-wa doko-ni arimasu ka?*
Де стоянка таксі?	タクシー乗り場はどこにあります か？
De stoyanka taksi?	*Takushii-noriba-wa doko-ni arimasu ka?*
Де тут телефон?	公衆電話はどこにありますか？
De tut telefon?	*Koushuu-denwa-wa doko-ni arimasu ka?*

船・フェリーで（*Fune / Ferii-de*）
На кораблі / поромі （*Na korabli / poromi*）

Де знаходиться порт?	港はどこにありますか？
De znahodyt'sya port?	*Minato-wa doko-ni arimasu ka?*
Чи є теплохід / пором до …?	〜への船／フェリーはあります か？
Chy e teplohid / porom do …?	*~ -e-no fune / ferii-wa arimasu ka?*
Де розклад рейсів?	時刻表はどこに掲示されますか？
De rozklad reisiv?	*Jikokuhyou-wa doko-ni keiji-saremasu ka?*
Де можна купити квиток?	チケットはどこで買えますか？
De mojna kupyty kvytok?	*Chiketto-wa doko-de kaemasu ka?*
Скільки коштує квиток?	チケットの料金はいくらですか？
Skil'ky koshtue kvytok?	*Chiketto-no ryoukin-wa ikura desu ka?*
Де каюта номер …?	〜号室の客室はどこですか？
De kayuta nomer …?	*~ -goushitsu-no kyakushitsu-wa doko desu ka?*

出入国審査・税関検査（*Shutsunyuukoku-shinsa / Zeikan-kensa*）
Паспортний контроль. Митний огляд. （*Pasportnyi kontrol'. Mytnyi oglyad*）

Прошу паспорти.	パスポートをご提示ください。
Proshu pasporty.	*Pasupooto-wo go-teiji kudasai.*
Ось мій паспорт.	これが私のパスポートです。
Os' mii passport.	*Kore-ga watashi-no pasupooto desu.*

Покажіть, будь ласка, ваш багаж.	荷物を見せてください。
Pokajit', bud'laska, vash bagaj.	*Nimotsu-wo misete kudasai.*
Прошу. Це моя валіза / мій рюкзак.	これは私のスーツケース／リュックサックです。
Proshu. Tse moya valiza/mii ryukzak.	*Kore-wa watashi-no suutsukeesu / ryukkusakku desu.*
У мене особисті речі та декілька подарунків.	私物といくつかのおみやげがあります。
U mene osobysti rechi ta dekil'ka podarunkiv.	*Shibutsu to ikutsukano o-miyage-ga arimasu.*
Чи везете ви алкоголь та цигарки?	アルコールやタバコは持っていますか？
Chy vezete by alkogol'ta tsygarky?	*Arukooru-ya tabako-wa motte imasu ka?*
Це перевозити заборонено.	この輸送は禁止されています。
Tse perevozyty zaboroneno.	*Kono yusou-wa kinshi-sarete imasu.*
За ці речі треба сплатити мито.	そのものに対して関税を支払わなければなりません。
Za tsi rechi treba splatyty myto.	*Sono mono-ni taishite kanzei-wo shiharawanakereba narimasen.*
Чому ви не вказали ці предмети в декларації?	なぜその項目を申告書に記入していなかったのですか？
Chomu vy ne vkazaly tsi predmety v deklaratsiyi?	*Naze sono koumoku-wo shinkokusho-ni kinyuu-shite inakatta no desu ka?*

市内で（Shinai-de）

У місті. (U misti)

Вибачте, я дійду цією вулицею / по цій вулиці до …?	すみません、私はこの通りを進めば、〜までたどりつけますか？
Vybachte, ya diidu tsieyu vulytseyu/po tsii vulytsi do …?	*Sumimasen, watashi-wa kono toori-wo susumeba, ~ -made tadoritsukemasu ka?*
Так, йдіть прямо, а потім зверніть праворуч/ліворуч.	はい、まっすぐ進み、右折／左折してください。
Tak, idit'pryamo, a potim zvernit'pravoruch / livoruch.	*Hai, massugu susumi, usetsu / sasetsu shite kudasai.*
Йдіть, будь ласка, у протилежному напрямку.	いいえ、反対の方向に行ってください。
Idit', bud'laska, u protylejnomu napryamki.	*Iie, hantai-no houkou-ni itte kudasai.*
Пробачте, мені потрібно знайти цю адресу / потрапити за цією адресою. Ви не могли б мені допомогти?	すみません、この住所のところに行きたいのですが、助けてくれませんか？
Probachte, meni potribno znaity tsyu adresu / potrapyty za tsiyeyu adresoyu. Vy ne mogly b meni dopomogty?	*Sumimasen, kono juusho-no tokoro-ni ikitai no desu ga, tasukete kuremasen ka?*

Це далеко звідси?	ここから遠いですか？
Tse daleko zvidsy?	*Koko-kara tooi desu ka?*
Ні, недалеко. Ви можете дійти пішки.	いいえ、遠くありません。
Ni, nedaleko. Vy mojete diity pishky.	*Iie, tooku arimasen.*
	歩いて行けます。
	Aruite ikemasu.
Це далеко звідси. Треба їхати на метро / автобусом.	ここからは遠いです。
Tse daleko zvidsy, Treba ihaty na metro/avtobusom.	*Koko kara-wa tooi desu.*
	地下鉄 / バスに乗る必要があります。
	Chikatetsu / Basu-ni noru hitsuyou ga arimasu.
Де тут поблизу автобусна зупинка?	近くのバス停はどこですか？
De tut poblyzu avtobusna zupynka?	*Chikaku-no basu-tei-wa doko desu ka?*
Де тут найближча станція метро?	最寄りの地下鉄駅はどこですか？
De tut naiblyjcha stantsiya metro?	*Moyori-no chikatetsu-eki-wa doko desu ka?*
В який бік мені їхати?	どちらに行けばいいですか？
V yakyi bik meni ihaty?	*Dochira-ni ikeba ii desu ka?*
Де можна купити квитки на автобус / на метро?	地下鉄 / バスのチケットはどこで購入できますか？
De mojna kupyty kvytky na avtobus / na metro?	*Chikatetsu / Basu-no chiketto-wa doko-de kounyuu-dekimasu ka?*
Де є план / схема метро?	地下鉄の路線図はどこにありますか？
De ye plan / shema metro?	*Chikatetsu-no rosenzu-wa doko-ni arimasu ka?*
На якій зупинці мені виходити?	どの駅で下りればいいですか？
Na yakii zupyntsi meni vyhodyty?	*Dono eki-de orireba ii desu ka?*
В цьому місті є екскурсійні автобуси?	この街に観光バスはありますか？
V tsyomu misti ye ekskursiini avtobusy?	*Kono machi-ni kankou-basu-wa arimasu ka?*
Скільки коштує квиток?	チケットの料金はいくらですか？
Skil'ky koshtuye kvytok?	*Chiketto-no ryoukin-wa ikura desu ka?*
Якою мовою проводиться екскурсія?	ツアーは何語ですか？
Yakoyu movoyu provodyt'sya ekskursiya?	*Tsuaa-wa nani-go desu ka?*

郵便局にて（*Yuubinkyoku-nite*）
На пошті. (*Na poshti*)

Пробачте, де тут пошта?	すみません、郵便局はどこにありますか？
Probachte, de tut poshta?	*Sumimasen, yuubinkyoku-wa doko-ni arimasu ka?*

Коли вона працює?	いつ営業してますか？
Koly vona pratsyuye?	*Itsu eigyou-shitemasu ka?*
Дайте мені, будь ласка, марку на лист авіа / експрес поштою в …	～への航空便用／速達用の切手をください。
Daite meni, bud' laska, marku na lyst avia / ekspres poshtoyu v …	*~ -e-no koukuubin-you/ sokutatsu-you-no kitte-wo kudasai.*
Де продаються листівки з краєвидами міста?	街の景色の絵葉書はどこで販売されますか？
De prodayut'sya lystivky z krayevydamy mista?	*Machi-no keshiki-no e-hagaki-wa doko-de hambai-saremasu ka?*

銀行 （Ginkou）
У банку. (*U banku*)

Підкажіть будь-ласка, де тут найближчий пункт обміну валюти?	最寄りの外貨両替所がどこにあるか教えていただけませんか？
Pidkajit' bud-laska, de tut naiblyjchyi punkt obminu valyuty?	*Moyori-no gaika-ryougaejo-ga doko-ni aru ka oshiete-itadakemasen ka?*
Де тут найближчий банк?	最寄りの銀行はどこですか？
De tut naiblyjchyu bank?	*Moyori-no ginkou-wa doko desu ka?*
Я хочу одержати гроші за чеком.	小切手でお金を受け取りたいです。
Ya hochu oderjaty groshi za chekom.	*Kogitte-de o-kane-wo uketoritai desu.*
У мене тут свій рахунок. Ось його номер.	自分の口座を持っています。
U mene tut svii rahunok. Os'yogo nomer.	*Jibun-no kouza-wo motte imasu.*
	口座番号はこれです。
	Kouzabangou-wa kore desu.
Я хочу покласти гроші на мій рахунок / зняти гроші з рахунку.	私は自分の口座に入金したい。／私の口座からお金を引き出したい。
Ya hochu poklasty groshi na mii rahunok / znyaty groshi z rahunku.	*Watashi-wa jibun-no kouza-ni nyuukin-shitai. / Watashi-no kouza-kara o-kane-wo hikidashitai.*
Я хочу перевести гроші на рахунок номер …	～の口座に振込をしたい。
Ya hochu perevesty groshi na rahunok nomer …	*~ -no kouza-ni furikomi-wo shitai.*

警察・交番 （Keisatsu / Kouban）
Поліція. Відділок поліції. (*Politsiya. Viddilok politsii.*)

| Я заблукав / заблукала. | 道に迷いました。 |
| *Ya zablukav / zablukala.* | *Michi-ni mayoimashita.* |

Мене обікрали.	私は強盗に遭いました。
Mene obikraly.	*Watashi-wa goutou-ni aimashita.*
У мене з машини викрали ...	私は車の中から〜を盗まれました。
U mene z mashyny vykraly ...	*Watashi-wa kuruma-no naka-kara ~ wo nusumaremashita.*
Я загубив / загубила ... Де тут бюро знахідок?	私は〜をなくしました。
Ya zagubyv / zagubyla ... De tut byuro znahidok?	*Watashi-wa ~ -wo nakushimashita.*
Чи не могли б ви повідомити в консульство / посольство моєї країни?	私の国の領事館 / 大使館に通報できますか？
Chy ne mogly b vy povidomyty v konsul'stvo / posol'stvo moyei krainy?	*Watashi-no kuni-no ryoujikan / taishikan-ni tsuuhou-dekimasu ka?*

<h3>病院で・薬局で（Byouin-de / Yakkyoku-de)</h3>

<h3>В лікарні. В аптеці. (V likarny. V aptetsi)</h3>

За яким номером дзвонити в швидку допомогу?	救急車は何番ですか？
Za yakym nomerom dzvonyty v shvydku dopomogu?	*Kyuukyuusha-wa nan-ban desu ka?*
Чи є поблизу лікарський кабінет?	近くに病院はありますか？
Chy ye poblyzu likars'kyi cabinet?	*Chikaku-ni byouin-wa arimasu ka?*
Коли приймає лікар?	医師にいつ診察してもらえますか？
Koly pryimaye likar?	*Ishi-ni itsu shinsatsu shite moraemasu ka?*
Можна викликати лікаря додому?	自宅で診察してもらえますか？
Mojna vyklykaty likarya dodomu?	*Jitaku-de shinsatsu shite moraemasu ka?*
Скільки коштує виклик лікаря додому?	自宅まで医師を呼ぶのはいくらかかりますか？
Skil'ky koshtuye vyklyk likarya dodomu?	*Jitaku-made ishi-wo yobu no wa ikura kakarimasu ka?*
Що у вас / вам болить?	どこが痛みますか？
Scho u vas / vam bolyt'?	*Doko-ga itamimasu ka?*
Я відчуваю гострий біль у грудях.	激しい胸の痛みを感じます。
Ya vidchuvayu gostryi bil' u grudyah.	*Hageshii mune-no itami-wo kanjimasu.*
У мене болить голова / вухо / живіт / коліно.	頭 / 耳 / 腹部 / 膝が痛い。
U mene bolyt' golova / vuho / jyvit / kolino.	*Atama / Mimi / Fukubu / Hiza-ga itai.*

У минулому році в мене був інфаркт. Я погано себе почуваю.	去年、心臓発作を起こしました。
U mynulomu rotsi v mene buv infarct. Ya pogano sebe pochuvayu.	*Kyonen, shinzou-hossa-wo okoshimashita.*
	気分が悪い。
	Kibun-ga warui.
У мене діабет.	私は糖尿病を患っています。
U mene diabet.	*Watashi-wa tounyoubyou-wo wazuratte imasu.*
Яку дозу інсуліну ви приймаєте?	インスリンはどれくらい服用していますか？
Yaku dozu insulinu vy pryimayete?	*Insurin-wa dorekurai fukuyou-shite imasu ka?*
У мене алергія на ...	私は〜アレルギーがあります。
U mene alergiya na ...	*Watashi-wa ~ arerugii-ga arimasu.*
Як приймати ці ліки?	この薬はいつ飲めばいいですか？
Yak pryimaty tsi liky?	*Kono kusuri-wa itsu nomeba ii desu ka?*
Я призначу вам ліки. Їх треба приймати до їжі / під час їжі / після їжі / натщесерце.	薬を処方します。食前 / 食中 / 食後 / 空腹時に服用してください。
Ya pryznachu vam liky. Ih treba pryimaty do iji / pid chas iji / pislya iji / natscheserdtse.	*Kusuri-wo shohou shimasu. Shokuzen / Shokuchuu / Shokugo / Kuufukuji-ni fukuyou-shite kudasai.*
Антибіотик приймати кожні 8 годин протягом ... днів.	抗生物質は１日３回（８時間おきに）服用してください。
Antybiotyk pruimaty kojni 8 godyn protyagom ... dniv.	*Kousei-busshitsu-wa ichinichi -sankai (hachijikan oki-ni) fukuyou-shite kudasai.*
Де тут найближча аптека?	最寄りの薬局はどこですか？
De tut naiblyjcha apteka?	*Moyori-no yakkyoku-wa doko desu ka?*
Вона відкрита цілодобово?	２４時間営業ですか？
Vona vidkryta tsilodobovo?	*Nijuuyo-jikan eigyou desu ka?*
Дайте мені, будь ласка, будь яке знеполююче / заспокійливе.	鎮痛剤をください。
Daite meni, bud' laska, bud yake zneboluuche / zaspokiilyve.	*Chintsuuzai-wo kudasai.*

買い物 (*Kaimono*)
Придбання товарів (*Prydbannya tovariv*)

Дайте, будь ласка, кілограм рису.	お米を１キロください。
Daite, bud' laska, kilogram rysu.	*O-kome-wo ichi-kiro kudasai.*
Скажіть, будь ласка, де тут найближчі торгові ряди?	最寄りのショッピングモールはどこですか？
Skajit', bud' laska, de tut naiblyjchi torgovi ryady?	*Moyori-no shoppingu-mooru-wa doko desu ka?*

Чи є тут продовольчий базар?	食料品売り場はありますか？
Chy ye tut prodovol'chyi bazar?	*Shokuryouhin uriba-wa arimasu ka?*
У цьому універмазі є знижка на товари?	このデパートに商品の割引はありますか？
U tsyomu univermazi ye znyjka na tovary?	*Kono depaato-ni shouhin-no waribiki-wa arimasu ka?*
Де тут крамниця, в якій влаштовується розпродаж?	セールが行われる店はどこですか？
De tut kramnytsya, v yakii vlashtovuet'cya rozprodaj?	*Seeru-ga okonawareru mise-wa doko desu ka?*
Дайте, будь ласка, квитанцію / чек.	領収書をください。
Daite, bud' laska, kvytantsiyu / chek.	*Ryoushuusho-wo kudasai.*
Запакуйте / загорніть, будь ласка.	包装してください。
Zapakuite / zagornit', bud' laska.	*Housou-shite kudasai.*

天気 (Tenki)
Погода (Pogoda)

Яка сьогодні погода?	今日の天気は？
Yaka syogodni pogoda?	*Kyou-no tenki-wa?*
Погода чудова / погана / мінлива.	天気は良い / 悪い / 変わりやすい。
Pogoda chudova / pogana / minlyva.	*Tenki-wa ii / warui / kawari-yasui.*
Який прогноз погоди на завтра?	明日の天気予報は？
Yakyi prognoz pogody na zavtra?	*Ashita-no tenki yohou-wa?*
Буде сильний / помірний / слабкий вітер.	強風 / 弱風が吹くでしょう。
Bude syl'nyi / pomirnyi / slabkyi viter.	*Kyoufuu / Jakufuu-ga fuku deshou.*
До вечора може бути гроза / буря.	夕方は嵐になるかもしれません。
Do vechora moje buty groza / burya.	*Yuugata-wa arashi-ni naru kamoshiremasen.*
На вулиці слизько.	外は滑りやすい。
Na vulytsi slyz'ko.	*Soto-wa suberi-yasui.*
Вчора був ясний день.	昨日は晴れた日でした。
Vchora buv yasnyi den'.	*Kinou-wa hareta-hi deshita.*
Сьогодні іде сніг. Сьогодні іде дощ. Прохолодно.	今日は雪が降っています。
Syogodni ide snig. Syogodni ide dosch. Proholodno.	*Kyou-wa yuki-ga futteimasu.*
	雨が降っています。
	Ame-ga futteimasu.
	寒いです。
	Samui desu.
Скоро потеплішає.	すぐに暖かくなります。
Skoro poteplishaye.	*Sugu-ni atatakaku narimasu.*

標識と看板 (*Hyoushiki to kamban*)

Написи та вивіски. (*Nadpysy ta vyvisky.*)

Аварійний вихід	非常口
Avariinyi vyhid	*Hijouguchi*
Вихід	出口
Vyhid	*Deguchi*
Від себе	押す
Vid sebe	*Osu*
До себе	引く
Do sebe	*Hiku*
Відчинено з ... до ...	～から～まで開いている
Vidchyneno z ... do ...	*~ kara ~ made aiteiru*
	営業時間は～から～まで
	Eigyou-jikan-wa ~ kara ~ made
Вільні номери	空室（空いている客室）
Vil'ni nomery	*Kuushitsu (Aite-iru kyakushitsu)*
В'їзд заборонений	入場禁止
V'zd zaboronenyi	*Nyuujou-kinshi*
Вхід	入リ口
Vhid	*Iriguchi*
Вхід вільний	入場無料（入場は自由です。）
Vhid vil'nyi	*Nyuujou-muryou (Nyuujou-wa jiyuu desu.)*
Вхід заборонений	入場不可（立ち入り禁止、入場禁止）
Vhid zaboronenyi	*Nyuujou-fuka (Tachiiri-kinshi, nyuujou-kinshi)*
Дзвонити	呼び出し
Dzvonyty	*Yobidashi*
Для курців	喫煙者用
Dlya kurtsiv	*Kitsuensha-you*
Дорожні роботи	道路工事
Dorojni roboty	*Douro-kouji*
Чоловічий	男性用
Cholovichyi	*Dansei-you*
Жіночий	女性用
Jinochyi	*Josei-you*
Зала очікування	待合室
Zala ochikuvannya	*Machiaishitsu*
Зайнято	使用中
Zainyato	*Shiyouchuu*
Залізничний вокзал	鉄道の駅
Zaliznychnyi vokzal	*Tetsudou-no eki*

Зарезервовано	予約済み（予約席）
Zarezervovano	*Yoyaku-zumi (Yoyaku-seki)*
Зачинено	閉まっている（閉店）
Zachyneno	*Shimatte-iru (Heiten)*
Здається	（部屋が）貸し出し中（賃貸物件有り）
Zdayet'sya	*(Heya-ga) kashidashi-chuu (Chintai-bukken-ari)*
Інформація для туристів	観光客のための情報
Informatsiya dlya turystiv	*Kankoukyaku-no tame-no jouhou*
Квитки продані	切符売り場、チケット販売（窓口）
Kvytky prodani	*Kippu-uriba, chiketto-hambai (mado-guchi)*
Ліфт	エレベーター
Lift	*Erebeetaa*
Місць немає	空席はない（満席）
Mists' nemaye	*Kuuseki-wa nai (Manseki)*
Небезпечно для життя	危険
Nebezpechno dlya jyttya	*Kiken*
Ночівля та сніданок	宿泊と朝食
Nochivlya ta snidanok	*Shukuhaku-to choushoku*
Об'їзд	回り道
Ob'izd	*Mawari-michi*
Митний огляд	税関検査
Mytnyi oglyad	*Zeikan-kensa*
Перевірка багажу	手荷物検査
Perevirka bagaju	*Te-nimotsu-kensa*
Перевірка паспортів	パスポートの検査
Perevirka pasportiv	*Pasupooto-no kensa*
Перехід заборонений	移動禁止
Perehid zaboronenyi	*Idou-kinshi*
Питна вода	飲料水
Pytna voda	*Inryousui*
Відліт	出発（離陸）
Vidlit	*Shuppatsu (Ririku)*
Приїзд	到着（着陸）
Pruizd	*Touchaku (chakuriku)*
Приліт	（飛行機の）着陸
Prylit	*(Hikouki-no) chakuriku*
Продається	販売中
Prodayet'sya	*Hambai-chuu*
Розпродаж	販売、セール
Rozprodaj	*Hambai, seeru*

Службовий вхід	スタッフ専用出入口
Slujbovyi vhid	*Sutaffu senyou-deiriguchi*
Стоянка заборонена	駐車禁止
Stoyanka zaboronena	*Chuusha-kinshi*
Туалет	トイレ（お手洗い、便所）
Tualet	*Toire (O-tearai, benjo)*
Туристичне бюро	観光案内所
Turystychne byuro	*Kankou annaijo*
Увага!	注意！　気を付けて！
Uvaga!	*Chuui! Ki-wo tsukete!*

附録（Furoku）
Додаток（Dodatok）
色（Iro）
Колір（Kolir）

Темний	暗い
Temnyi	*Kurai*
Світлий	明るい
Svitlyi	*Akarui*
Бежевий	ベージュ
Bejevyi	*Beeju*
Білий	白い
Bilyi	*Shiroi*
Коричневий	褐色、茶色
Korychnevyi	*Kasshoku, cha-iro*
Чорний	黒い
Chornyi	*Kuroi*
Червоний	赤い
Chervonyi	*Akai*
Фіолетовий	紫
Fioletovyi	*Murasaki*
Темно-синій	濃紺
Temno-synii	*Noukon*
Блакитний	空の色、水色
Golubyi	*Sora-no-iro, mizu-iro*
Зелений	緑
Zelenyi	*Midori*
Помаранчевий	オレンジ
Pomaranchevyi	*Orenji*
Попелястий / сірий	灰／灰色
Popelyastyi / siryi	*Hai / Hai-iro*
Рожевий	ピンク
Rojevyi	*Pinku*
Срібний	銀
Sribnyi	*Gin*
Золотий	金
Zolotyi	*Kin*
Жовтий	黄色
Jovtyi	*Ki-iro*

生地（Kiji）

Тканина（Tkanyna）

Оксамит	ベルベット
Oksamyt	Berubetto
Бавовна	綿
Bavovna	Wata
Джинс	ジーンズ
Djyns	Jiinzu
Фланель	フランネル
Flanel'	Furanneru
Махрова (тканина)	テリー（ファブリック）
Mahrova (tkanyna)	Terii (Faburikku)
Шовк	絹、シルク
Shovk	Kinu, shiruku
Мереживо	レース
Merejyvo	Reesu
Мохер	モハー
moher	Mohaa
Шкіра	革
Shkira	Kawa
Полотно	カンバス、リンネル
Polotno	Kambasu, rinneru
Шифон	シフォン
Shyfon	Shifon
Тафта	タフタ
Tafta	Tafuta
Вовна	ウール
Vovna	Uuru
Замша	スエード
Zamsha	Sueedo

数字（Suuji）

Числа（Chysla）

Нуль	ゼロ、零
Nul'	Zero, rei
Один	１ 一（一つ）
Odyn	Ichi (Hitotsu)
Два	２ 二（二つ）
Dva	Ni (Futatsu)

Три *Try*	3　三　(三つ) *San (Mittsu)*
Чотири *Chotyry*	4　四　(四つ) *Shi / Yon (Yottsu)*
П'ять *P'yat'*	5　五　(五つ) *Go (Itsutsu)*
Шість *Shist'*	6　六　(六つ) *Roku (Muttsu)*
Сім *Sim*	7　七　(七つ) *Shichi / Nana (Nanatsu)*
Вісім *Visim*	8　八　(八つ) *Hachi (Yattsu)*
Дев'ять *Dev'yat'*	9　九　(九つ) *Ku / Kyuu (Kokonotsu)*
Десять *Desyat'*	10　十　(十) *Juu (Tou)*
Двадцять *Dvadtsyat'*	20　二十 *Ni-juu*
Дев'яносто *Devyanosto*	90　九十 *Kyuu-juu*
Сто *Sto*	100　百 *Hyaku*
Тисяча *Tysyacha*	1000　千　(一千) *Sen / Issen*
Дві тисячі *Dvi tysyachi*	2000　二千 *Ni-sen*
Десять тисяч *Desyat' tysyach*	10000　万　(一万) *Man (Ichi-man)*
Мільйон *Mil'yon*	1000000　百万 *Hyaku-man*

Перший / перша / перше *Porshyi / persha / pershe*	一番目　(の)　～ *Ichi-ban-me (-no) ~*
Другий / друга / друге *Drugyi / druga / druge*	二番目　(の)　～ *Ni-ban-me (-no) ~*
Третій / третя / третє *Tretii / tretya / tretye*	三番目　(の)　～ *San-ban-me (-no) ~*
Четвертий *Chetvertyi*	四番目　(の)　～ *Yo-ban-me (-no) ~*

П'ятий	五番目（の）～
Pyatyi	*Go-ban-me (-no) ~*
Шостий	六番目（の）～
Shostyi	*Roku-ban-me (-no) ~*
Сьомий	七番目（の）～
Syomyi	*Nana-ban-me (-no) ~*
Восьмий	八番目（の）～
Vos'myi	*Hachi-ban-me (-no) ~*
Дев'ятий	九番目（の）～
Devyatyi	*Kyuu-ban-me (-no) ~*
Десятий	十番目（の）～
Desyatyi	*Juu-ban-me (-no) ~*
Додавати	足す
Dodavaty	*Tasu*
Віднімати	引く
Vidnimaty	*Hiku*
Множити	掛ける
Mnojyty	*Kakeru*
Ділити	割る
Dilyty	*Waru*

時間（*Jikan*）
Час（*Chas*）

Зараз, тепер	今
Zaraz, teper	*Ima*
Сьогодні	今日
Syogodni	*Kyou*
Сьогодні вранці / ввечері	今朝／今晩
Syogodni vrantsi / vvecheri	*Kesa / Komban*
Цього тижня / місяця	今週／今月
Tsyogo tyjnya / misyatsya	*Konshuu / Kongetsu*
Цими днями	このごろ
Tsymy dnyamy	*Konogoro*
Вчора	昨日
Vchora	*Kinou*
Позавчора	一昨日
Pozavchora	*Ototoi*
Тиждень тому	一週間前
Tyjden' tomu	*Isshuukan-mae*

Завтра	明日	
Zavtra	*Ashita*	
Післязавтра	明後日	
Pislyazavtra	*Asatte*	
У будь-який час	いつでも	
U bud'-yakyi chas	*Itsudemo*	
Час від часу	ときどき	
Chas vid chasu	*Tokidoki*	
Пори року: весна, літо, осінь, зима	四季：春、夏、秋、冬	
Pory roku: vesna, lito, osin', zyma	*Shiki: haru, natsu, aki, fuyu*	
Січень	１月	
Sichen'	*Ichi-gatsu*	
Лютий	２月	
Lyutyi	*Ni-gatsu*	
Березень	３月	
Berezen'	*San-gatsu*	
Квітень	４月	
Kviten'	*Shi-gatsu*	
Травень	５月	
Traven'	*Go-gatsu*	
Червень	６月	
Cherven'	*Roku-gatsu*	
Липень	７月	
Lypen'	*Shichi-gatsu*	
Серпень	８月	
Serpen'	*Hachi-gatsu*	
Вересень	９月	
Veresen'	*Ku-gatsu*	
Жовтень	１０月	
Jovten'	*Juu-gatsu*	
Листопад	１１月	
lystopad	*Juu-ichi-gatsu*	
Грудень	１２月	
Gruden'	*Juu-ni-gatsu*	
Понеділок	月曜日	
Ponedilok	*Getsu-youbi*	
Вівторок	火曜日	
Vivtorok	*Ka-youbi*	
Середа	水曜日	
Sereda	*Sui-youbi*	

Четвер	木曜日
Chetver	*Moku-youbi*
П'ятниця	金曜日
Pyatnytsya	*Kin-youbi*
Субота	土曜日
Subota	*Do-youbi*
Неділя	日曜日
Nedilya	*Nichi-youbi*
Вихідні дні: субота та неділя	休日：土日
Vyhidni dni: subota ta nedilya	*Kyuujitsu: do-nichi*

よく使われる動詞 (*Yoku tsukawareru doushi*)
Дієслова, що часто використовуються (*Dieslova, scho chasto vykorystovuyut'sya*)

Відкривати	開ける
Vidkryvaty	*Akeru*
Казати	言う
Kazaty	*Iu*
Їхати (на автомобілі)	（車で）行く
Ihaty (na avtomobili)	*(Kuruma-de) Iku*
Іти (пішки)	（歩いて）行く
Ity (pushky)	*(Aruite) Iku*
Отримувати	受け取る
Otrymuvaty	*Uketoru*
Співати	歌う
Spivaty	*Utau*
Продавати	売る
Prodavaty	*Uru*
Прокидатися	起きる、目覚める
Prokudatysya	*Okiru, Mezameru*
Надіслати	送る、贈る
Nadislaty	*Okuru , Okuru*
Танцювати	踊る
Tantsyuvaty	*Odoru*
Думати	思う
Dumaty	*Omou*
	考える
	Kangaeru
Плавати	泳ぐ
Plavaty	*Oyogu*

Купувати	買う	
Kupuvaty	*Kau*	
Написати	書く	
Napysaty	*Kaku*	
Прибирати	片付ける	
Prybyraty	*Katazukeru*	
Слухати	聞く	
Sluhaty	*Kiku*	
Відповідати	答える	
Vidpovidaty	*Kotaeru*	
Фотографувати	写真を撮る	
Fotografuvaty	*Shashin-wo toru*	
Підготувати	準備する	
Pidgotuvaty	*Jumbi-suru*	
Запросити	招待する	
Zaprosyty	*Shoutai-suru*	
Пояснити	説明する	
Poyasnyty	*Setsumei-suru*	
Вмивати обличчя	洗顔する（顔を洗う）	
Vmyvaty oblychchya	*Sengan-suru (Kao-wo arau)*	
Їсти	食べる	
Isty	*Taberu*	
Допомогати	手伝う	
Dopomogaty	*Tetsudau*	
Закривати	閉じる	
Zakryvaty	*Tojiru*	
Роздягатися	脱ぐ	
Rozdyagatysya	*Nugu*	
Спати	寝る	
Spaty	*Neru*	
Пити	飲む	
Pyty	*Nomu*	
Працювати	働く	
Pratsyuvaty	*Hataraku*	
Говорити	話す	
Govoryty	*Hanasu*	
Навчатися, вивчати	勉強する	
Navchatysya, vyvchaty	*Benkyou-suru*	
Чекати	待つ	
Chekaty	*Matsu*	

Показати	見せる
Pokazaty	*Miseru*
Бачити	見る
Bachyty	*Miru*
Переводити	訳す
Perevodyty	*Yakusu*
Кликати	呼ぶ
Klykaty	*Yobu*
Читати	読む
Chytaty	*Yomu*
Розуміти	わかる、理解する
Rozumity	*Wakaru, rikai-suru*

参考文献（*Sankou-bunken*）
Список використаної літератури（*Spysok vykorystanoi literatury*）

1. Українсько-англійский розмовник, Л.Левчук, Л.Штойко, Киев, „Радянська школа", 1976 р.

2. Українсько-російський словник, Київ, „Наукова Думка", 1977р.

3. Орфографічний словник, Київ, „Радянська школа", 1978р.

4. Базова граматика японської мови, Одеса, „Астропринт", 2000р.

5. ウクライナ基本語辞典 / アリテルナチイーウイ、1997

6. ウクライナ語のための日本語学習辞典 / アリテルナチイーウイ、1997

7. ウクライナ語単語集、阿部昇吉編、スラヴァ書房、2022

8. ひとり歩きの会話集（1号：英語、17号：ロシア語）、JTBパブリッシング、2011

9. Vest pocket Japanese, Takeshi Hattori, USA, 1967

10. 日本語 - ウクライナ語 初心者用：2ヶ国語対応, Dr. Johannes Schumann, 50LANGUAGES LLC, 2017

11. Useful Ukrainian Phrases, Jase Space, USA, 2022

12. Conversational Ukrainian Quick and Easy, Yatir Nitzany, USA, 2017

13. Ukrainian: Learn Ukrainian in a Week, The Most Essential Words & Phrases! By: Project Fluency, 2022

14. Ukrainian-English Phrasebook and Dictionary, O. Benyukh, R. Galushko, Hippocrene Books, USA, 2008

15. Lonely Planet's Ukrainian Phrasebook, Marko Pavlyshyn, Lonely Planet, 2014

【著者略歴】

ミグダリスカ・ビクトリア（78）
Мігдальська Вікторія

1944 年生まれ
オデーサ国立大学（日本語教師）
ウクライナ日本語教師会会員、CIS 日本語教師会会員
2017 年に外務大臣表彰
現在、ウクライナ避難民として京都で在住

ミグダリスキー・ウラディーミル（50）
Мігдальський Володимир

1972 年ウクライナ・オデーサ生まれ
オデーサ国立大学大学院修士課程修了、修士（理学）
京都大学大学院博士課程修了、博士（情報学）
現在、京都情報大学院大学教授

稲川ジュリア潤（18）
Джулія-Дзюн Інагава

2003 年東京生まれ
京都在住
1 歳からウクライナ訪問 3 回
今回、祖母と父、三世代で会話集作成作業に取り組んだ

ウクライナ・ブックレット刊行に際して

ロシア発祥の地、ウクライナ。まさにスラヴの母というべき存在。その首都・キエフはまさにスラヴのヘソである。

日本でロシア文化と思われているものの中には、ウクライナのものが多い。身近なところで言えば、料理。ボルシチはロシア料理として日本で知られているが、実はウクライナ料理。日本の家庭でよく作られているロールキャベツ。これもウクライナ料理である。

ロシア文学として日本で紹介されているゴーゴリもウクライナ出身であり、ウクライナ文化を知らないとその内容を充分理解したとは言えない。

このように、ウクライナはスラヴの母的存在であるものの、日本では一般にロシアとごっちゃになっている。それどころか、ロシアの中の一部として捉えられている。これはまだよい方で、ウクライナという国さえ知らない人が日本には多い。

翻ってウクライナに目をやると、日本や日本語に興味を持っている人、憧れている人、勉強・研究している人……とその数のなんと多いことか。

このギャップを埋めるために、ウクライナ・ブックレットは刊行される運びとなった。一人でも多くの人にウクライナを知っていただきたい。その一念である。

日本ウクライナ文化交流協会

ウクライナ・ブックレット5

ウクライナ避難民とコミュニケーションをとるための
ウクライナ語会話集

発　行　日	2022年7月26日初版第一刷ⓒ
	2022年9月28日初版第二刷
著　　　者	ミグダリスカ・ビクトリア／ミグダリスキー・ウラディーミル／稲川ジュリア潤
企画・編集	日本ウクライナ文化交流協会
発　行　者	小野　元裕
発　行　所	株式会社ドニエプル出版
	〒581-0013　大阪府八尾市山本町南6-2-29
	TEL072-926-5134　FAX072-921-6893
発　売　所	株式会社新風書房
	〒543-0021　大阪市天王寺区東高津町5-17
	TEL06-6768-4600　FAX06-6768-4354
印刷・製本	株式会社新聞印刷

ISBN978-4-88269-923-1

企画・編集：日本ウクライナ文化交流協会

ウクライナ・ブックレット① ウクライナ丸かじり
小野 元裕 著

自分の目で見、手で触り、心で感じたウクライナ。

2005年1月から2006年1月までの1年間、ウクライナの全地域（24州、クリミア自治共和国）を回り取材し一冊にまとめた。日本とウクライナの文化交流奮闘記でもある。

Ａ５判 63 頁並製本
定価：本体 500 円＋税

ウクライナ・ブックレット② クリミア問題徹底解明
中津 孝司 著

2013年11月から始まったヤヌコーヴィチ大統領に対するデモ。ヤヌコーヴィチ政権が崩壊するや否や、プーチンはクリミアを電撃的に併合した。

ロシアの狙いは、そしてウクライナの行方は……。経済学者が鋭い切り口でクリミア問題を徹底解明。

Ａ５判 36 頁並製本
定価：本体 500 円＋税

ウクライナ・ブックレット③ マイダン革命はなぜ起こったか
岡部 芳彦 著

マイダン革命はなぜ起こったのか。日本で最もウクライナとコネクションを持つ人物の一人である著者が解き明かすユーロ・マイダンの内幕。ロシアとＥＵのはざまで翻弄されるウクライナの行方は。著者は神戸学院大学経済学部教授。

Ａ５判 63 頁並製本
定価：本体 500 円＋税

ウクライナ・ブックレット④ ウクライナの心
中澤 英彦 インナ・ガジェンコ 編訳

ウクライナ三大詩人の一人レーシャ・ウクライーンカの詩劇「森の詩〜妖精物語」とウクライナを代表する哲学者フルィホーリイ・スコヴォロダの寓話19編を収録。

全作品、日本で初の翻訳。

日本・ウクライナ国交樹立 30 周年記念出版。

Ａ５判 64 頁並製本
定価：本体 500 円＋税

発行：ドニエプル出版／発売：新風書房